SOCIÉTÉ NATIONALE D'ÉDUCATION DE LYON

— 1888-1889 —

L'ENSEIGNEMENT DU DROIT A LYON

EN 1789

PAR

M. GAIRAL

LYON

IMPRIMERIE PITRAT AINÉ

4, RUE GENTIL, 4

—

1889

L'ENSEIGNEMENT DU DROIT A LYON

— EN 1789[1] —

PAR

M. GAIRAL

La ville de Lyon possédait-elle en 1789 un véritable enseignement du droit?

Cet enseignement était-il l'équivalent de celui que donnaient alors les Facultés de droit des différentes Universités de France?

Pour résoudre ces deux questions, il est bon de rappeler d'abord, en quelques mots, quelle place occupait le droit, à côté de la théologie, des arts et de la médecine, dans ces grands établissements d'enseignement supérieur qui portaient le nom d'Universités.

Il y avait, dans une Université complète, quatre Facultés seulement, correspondant à la théologie, au droit, à la médecine et aux arts. L'enseignement des sciences ne se donnait pas dans une Faculté spéciale; il rentrait, partie dans la médecine, comme pour la botanique et la chimie, partie dans les

1 V. Brouchoud, *Recherches sur l'enseignement public du droit à Lyon depuis la formation de la commune*, 1865; Rougier, *Aperçu historique sur l'enseignement du droit à Lyon*, 1874; Niepce, *Notes sur l'histoire de Lyon* (inédites).

arts, comme pour les mathématiques et la physique expérimentale, étudiées conjointement avec la grammaire, les humanités, la rhétorique et la philosophie.

Quelques Universités d'ailleurs manquaient d'une ou même de deux Facultés. Ainsi Besançon et Orange ne possédaient pas la Faculté des arts; Pau manquait de la théologie et de la médecine.

On rencontrait même, dans deux villes, à Orléans et à Dijon, des institutions revêtues du nom d'Universités, qui se réduisaient au seul enseignement du droit.

Mais le même titre n'a pu être donné qu'abusivement par quelques auteurs aux chaires ouvertes à Lyon à diverses époques : cet enseignement fut toujours privé, en effet, de l'érection canonique, qui faisait les Universités proprement dites, et de l'investiture royale.

Dans presque tous les anciens centres d'enseignement supérieur se rencontraient à la fois la théologie, le droit, la médecine et les arts. Pour le droit, en particulier, on peut dire que son importance, à en juger par le nombre des chaires, n'était ni supérieure, ni inférieure à celle des autres Facultés. Seulement d'une Université à une autre, le programme était plus uniforme et le nombre des professeurs moins variable pour le droit que pour la médecine, par exemple. Une Faculté de droit comptait généralement quatre professeurs titulaires et autant d'agrégés.

Conformément à l'édit de 1679 l'enseignement donné à la fin du siècle dernier, dans les Facultés de droit, comprenait réglementairement :

Le *droit civil*, c'est-à-dire le droit romain, par opposition au droit canonique (2 ou 3 cours) ;

Le *droit canon* (1 cours) ;

Le *droit français* « tel qu'il est contenu dans les ordonnances et dans les coutumes » (1 cours).

On voit que beaucoup de matières jugées indispensables aujourd'hui, même pour le diplôme de licence, telles que le droit criminel, le droit commercial, le droit administratif, n'étaient pas alors l'objet d'un enseignement spécial.

Constatons aussi que le droit coutumier n'obtenait pas une importance suffisante dans les études juridiques, puisqu'il ne constituait qu'une partie du programme de l'unique chaire de droit français, à laquelle se rattachait encore le droit des ordonnances royales.

Au surplus, et en se plaçant au point de vue de la somme de travail imposée aux étudiants en droit, l'élève de l'ancien régime était aussi occupé qu'il peut l'être à notre époque avec des cours beaucoup plus diversifiés, et devait par conséquent, ce qui valait peut-être autant, approfondir davantage et posséder mieux les matières d'un cadre d'enseignement plus restreint que celui d'aujourd'hui.

En effet, l'étudiant en droit avait, comme de notre temps, à suivre des cours pendant trois années, pour arriver à la licence.

Dans chaque année d'études, aussi bien qu'aujourd'hui, il devait assister à deux cours tous les jours.

La durée de chaque cours n'était pas moindre que dans les Facultés modernes ; elle se trouvait même plutôt supérieure, puisque chaque leçon *d'une heure*, consacrée à l'exposé et à l'explication des principes, était obligatoirement suivie d'interrogations et de discussions *d'une demi-heure* : au total *trois heures* d'enseignement.

Il convient de noter encore que des cahiers devaient être tenus par l'élève et visés par le professeur, ce qui permettait d'exiger des auditeurs une assiduité comportant autre chose que l'assistance matérielle aux leçons.

Il faut enfin tenir compte de ce que les vacances étaient moins prodiguées qu'à notre époque. L'étudiant commençait ses travaux à la Saint-Luc, le 18 octobre, ou au plus tard à la Saint-Martin d'hiver, le 11 novembre, pour ne les terminer qu'à l'Assomption. Deux mois ou deux mois et demi de vacances paraissaient suffisants.

Le corps professoral se recrutait de diverses manières, mais généralement les Universités choisissaient elles-mêmes leurs nouveaux professeurs, et employaient le concours. Toutefois les chaires de droit français, créées par Louis XIV, étaient réservées à la nomination du roi. Les traitements des professeurs de droit allaient, en y comprenant le casuel, à environ 2.000 livres en moyenne. A Dijon cependant où le casuel était très élevé, grâce notamment à l'appoint fourni par un contingent d'élèves lyonnais venant prendre leurs grades à l'Université, à Dijon le revenu d'un professeur de droit arrivait à la somme, alors considérable, de 6.000 livres.

Les détails qui précèdent étaient utiles à rappeler pour la solution des deux questions posées en commençant.

I

D'abord existait-il à Lyon, à la fin de l'ancien régime, en dehors des leçons de droit canon nécessairement données aux élèves ecclésiastiques, un véritable enseignement du droit civil et canonique?

Il faut répondre affirmativement, non seulement pour l'année 1789, mais pour la plus grande partie du XVIIIe siècle, bien que le droit ait cessé d'être enseigné à Lyon, à partir de 1790.

Ne croyons pas cependant que l'instruction juridique, dans la forme où elle était donnée à Lyon, c'est-à-dire sur le modèle des cours d'Universités et pour suppléer à ceux-ci, fût d'un établissement bien ancien. C'est seulement à partir de 1710 qu'on constate d'une manière certaine l'existence de la chaire municipale de droit, qui devait être supprimée par la Révolution.

Il est vrai qu'à une époque beaucoup plus reculée, une école de droit avait déjà été entretenue aux frais de la ville, sans toutefois mériter jamais le nom d'Université, dont certains vieux auteurs lyonnais l'ont gratifié; mais cet enseignement, donné d'abord par l'Église, organisé ensuite au XIIIe siècle par la Commune, au lendemain de sa victoire, pour combattre l'influence de l'archevêque, avait disparu et Lyon était resté privé de l'enseignement public du droit civil, sinon du droit canonique.

C'est ce qui explique pourquoi les anciens jurisconsultes rattachés par leur profession aux diverses juridictions lyonnaises, avaient tous passé par les cours de droit de Paris, par exemple, ou de Bordeaux, ou de Valence, ou de quelque autre Université.

Vainement les échevins sollicitèrent, au XVIe siècle, la fondation à Lyon d'une Université, comme ils avaient demandé l'établissement d'un Parlement; les deux faveurs leur furent également refusées.

Ce fut à la suite de cet échec que le consulat, à une date qu'on n'a pu préciser exactement, revint à l'idée plus modeste d'un enseignement municipal de la science des lois.

Pendant le dernier siècle, cette école lyonnaise de droit, réduite, il est vrai, à un seul professeur, fonctionne régulièrement, et six jurisconsultes occupent successivement la chaire, de 1710 à 1790 : Jean-Baptiste d'Antoine, connu par ses *Règles du droit civil*, fils et petit-fils de professeurs de droit; Félix Faure, avocat au parlement et agrégé à l'Université de Valence; Rouveyre de Lestang, docteur en droit de la même Université; Perrichon, avocat en parlement et ès cours de Lyon; Joliclerc, muni du même titre, et enfin Pierre-François Rieussec, également avocat.

Le prévôt des marchands et les échevins avaient été les fondateurs de cet enseignement qui se donnait sous leur surveillance, et au maintien duquel ils se chargeaient de pourvoir avec les ressources locales.

Les actes consulaires nous montrent ces conseillers de ville votant une augmentation de traitement pour retenir le professeur Faure, qui avait manifesté l'intention de retourner à Valence.

L'hôtel du Gouvernement fournissait le local des cours, qui s'y faisaient chaque matin, hors les jours fériés et le temps des vacances judiciaires.

En 1764 se produisit un incident où se révèlent d'une part l'attachement des échevins pour leur chaire de droit, et d'autre part l'intention du pouvoir souverain de supprimer cet enseignement à Lyon. A cette époque, en effet, parurent des lettres patentes portant un nouveau réglement des finances de la ville, règlement par lequel beaucoup de choses étaient changées dans le budget traditionnel.

Les 1.000 livres de traitement allouées au professeur Joliclerc, et qui avaient figuré jusque-là au chapitre des *appointements*, se trouvaient reportées d'office au chapitre des *pensions*; c'était annoncer que cette dépense serait supprimée, et avec elle la chaire de droit, après la mort du titulaire en exercice.

Le Consulat fit le possible pour empêcher la destruction de son œuvre, et il adressa une supplique au contrôleur général des finances pour le prier de revenir sur sa détermination à l'égard des frais de l'enseignement juridique. La pétition renferme un éloge bien senti du professeur et une énumération de ses titres, parmi lesquels la composition d'ouvrages de droit, à l'état, il est vrai, de *manuscrits*, et qui devaient être ses cahiers de leçons. Les indications données à ce propos démontrent le caractère très pratique de l'enseignement imposé au professeur, en vue des besoins particuliers de la ville de Lyon et de la province.

On apprend par le même document que la chaire de droit demandait beaucoup de travail au professeur, puisqu'il avait dû, pour s'y consacrer, renoncer à la plaidoirie. Il est vrai que Me Joliclerc cumulait, avec les études et les leçons du professeur, les occupations charitables de l'administration des hospices et les honneurs laborieux de l'échevinage.

Les réclamations du consulat contre le titre de *pension* imposé au traitement de Joliclerc n'aboutirent pas et la pension s'éteignit à la mort du titulaire. Mais les échevins avaient trouvé le moyen de maintenir la fonction en la rendant gratuite au regard du budget municipal, sauf, sans doute, au professeur à percevoir sur ses élèves une rétribution quelconque. Lorsque l'âge vint forcer Joliclerc à cesser ses leçons, les conseillers de ville firent choix d'un nouveau maître, l'avocat Rieussec, écuyer, qu'ils nommèrent, en 1785, « en concurrence et survivance » de Joliclerc, à la charge « de ne pouvoir prétendre ni exiger sous aucun prétexte, de la part du corps de ville, aucun honoraire ni rétribution pour raison de ladite place de professeur en droit ».

Le lieutenant du roi aurait eu mauvaise grâce à critiquer une nomination qui ne coûtait plus rien au budget, et l'institution se trouva sauvée, jusqu'au moment où le décret révolutionnaire des 16 et 24 août 1790 vint annoncer une nouvelle organisation judiciaire et une revision de la législation, qui durent détourner brusquement les jeunes gens des anciennes études juridiques, d'autant plus que les grades étaient déclarés inutiles pour les fonctions de justice.

L'*Almanach de Lyon* pour 1790 est le dernier qui annonce le cours de droit.

Avec la Révolution, les vieilles Universités disparaissaient et le service de l'enseignement public, dont s'emparait l'État, devenait une dépendance de l'administration départementale. C'est ainsi que l'enseignement du droit passa des anciennes Facultés aux écoles centrales, créées dans chaque département, et cessa d'être un enseignement supérieur pour rentrer dans une simple division des études de collège.

Dans l'école centrale de Lyon il y eut, comme ailleurs, un professeur de législation ; cette fonction fut confiée à Delandine, « homme de loi ». En réalité, l'enseignement supérieur n'existait plus en France.

Quand les Facultés furent rétablies, on sait que Lyon ne

reçut point de Faculté de droit. Il était réservé à la loi du 12 juillet 1875 sur la liberté de l'enseignement supérieur, de provoquer, dans la seconde ville de France, la fondation d'une Faculté libre de droit, fondation immédiatement suivie d'une création analogue de la part de l'État, qui l'avait jusque-là refusée. Depuis quelques années seulement des arrêtés ministériels avaient autorisé individuellement un certain nombre d'avocats à faire des cours correspondant au programme des Facultés et dont les auditeurs obtenaient la faveur de se présenter aux examens d'une Faculté officielle, comme cela se passait, on va le voir, pour la chaire de droit de Lyon, sous l'ancien régime.

II

Nous avons maintenant à nous demander si l'enseignement du droit à Lyon, au XVIIIe siècle et, notamment, en 1789, correspondait à peu près à celui des Facultés de droit dans les Universités.

On peut se poser cette question sérieusement, malgré la réduction du personnel enseignant à *un seul professeur,* parce que ce professeur unique, retenant les élèves pendant trois années, pouvait embrasser dans ses leçons successivement plusieurs matières, et faire ainsi, en y mettant plus de temps, la besogne de plusieurs maîtres, alors que les Facultés de droit n'en comptaient qu'un petit nombre en général. Il est vrai que les Facultés avaient sur lui l'avantage, d'une part, de la spécialité des études pour chaque professeur, et, d'autre part, du concours d'un personnel d'agrégés en nombre à peu près égal à celui des titulaires.

Grâce à l'alternance des cours, on comprend que la chaire de droit de Lyon ait pu suppléer, dans une certaine mesure, l'enseignement juridique des universités, pour les jeunes gens que des nécessités pécuniaires ou des motifs professionnels obligeaient d'étudier le droit sans déplacement.

Un accord était même intervenu entre la ville de Lyon et l'Université de Dijon, afin que l'enseignement du professeur lyonnais comptât pour l'admission aux grades.

Cette chaire de droit, disent les échevins dans leur supplique pour le maintien des appointements du professeur, en 1764, « est très utile à nos citoyens qui peuvent faire étudier les lois à leurs enfants, *sous leurs yeux* ». Il y est dit aussi des élèves que « sur ces études, ils obtiennent leurs grades à l'Université de Dijon, par les arrangements pris avec cette Faculté et approuvés par nos seigneurs les chanceliers ».

Dans leur désir de relever encore la dignité de leur chaire de droit, et surtout de voir une Université complète s'établir à Lyon, les bons échevins rappellent les cours publics professés, au XIVe siècle, dans leur ville. « La chaire de droit n'est pas à Lyon, Monseigneur, une simple répétition des leçons d'une Université ou une simple préparation à l'admission des grades de bachelier ou de licencié ; c'est l'ancien reste d'une école publique, d'une Faculté de droit autrefois plus considérable, etc. »

Malgré l'étendue de son programme, l'enseignement de la chaire municipale devait être fatalement inférieur à celui des Universités, pour plusieurs raisons.

D'abord, il ne pouvait viser au delà des épreuves du baccalauréat et de la licence, et c'était déjà beaucoup. Le doctorat exigeait une préparation plus complète et un milieu scientifique qui ne pouvait pas, alors, se rencontrer à Lyon.

Ensuite, même pour les grades inférieurs, n'était-il pas impossible à un seul professeur, quelque savant qu'il fût, de suffire à une tâche partout ailleurs confiée à plusieurs maîtres ?

D'autre part, il est à croire que l'enseignement de la science juridique, tel qu'il était donné à Lyon à la fin du siècle dernier, répondait à des besoins particuliers, d'un ordre un peu différent de ceux que les Universités avaient en vue, et d'un ordre plus humble, moins général, peut-être aussi plus pratique.

Quand les échevins réclamaient une Université, ils faisaient valoir comme argument le grand commerce de Lyon avec l'Allemagne : « Les jeunes gens, disaient-ils, viendraient à Lyon y *apprendre tout à la fois le commerce et les lois.* » Sans doute on déclarait la chaire lyonnaise nécessaire aux « plus notables citoyens qui destinaient leurs enfants à la magistrature et au barreau », mais on songeait aussi, par une préoccupation bien naturelle, à répandre la connaissance des lois et coutumes intéressant spécialement Lyon et sa province.

En voici la preuve. Les cours de droit des Universités comprenaient le droit civil ou romain, le droit canon et le droit français. Sur les quatre ouvrages manuscrits du professeur Joliclerc, cités dans la supplique des échevins, ouvrages qualifiés par ceux-ci d' « élémentaires », et formant « le fonds d'une suite de leçons », trois ont un caractère plus particulièrement lyonnais :

« Une conférence des Institutes du droit romain avec la jurisprudence du Parlement de Paris, *spéciale pour nos provinces ;*

« Un traité du droit français *adapté aux usages particuliers de notre ville et des provinces voisines ;*

« Une procédure civile qui présente en entier, d'une manière claire et facile, toute l'instruction d'un procès. »

Ajoutons que, d'après M. Brouchoud, qui a retrouvé ce dernier manuscrit où est commentée l'Ordonnance de 1667, l'ouvrage « se termine par un chapitre sur la procédure suivie *devant les juges consuls et devant le tribunal de la Conservation* ».

En résumé donc, il semble que l'enseignement du droit à Lyon, en 1789, se réduisait à des répétitions en vue des examens à subir dans une Université, pour les seuls grades de bachelier et de licencié en droit; que les leçons avaient, par là même, une tendance plutôt utilitaire que véritablement doctrinale; qu'en outre, elles étaient faites à un point de vue plus étroit, en ce sens que le droit local y prenait vraisemblablement plus d'importance que dans un grand centre scientifique.

Pour les jeunes gens qui voulaient faire des études juridiques bien complètes, et qui aspiraient soit aux premiers rangs du barreau, soit aux plus hautes fonctions de la magistrature, le séjour dans une ville d'Université devait paraître nécessaire, quel que fût le mérite du professeur lyonnais.

Quant à ceux qui se destinaient à des carrières moins brillantes ou qui, pour des raisons de fortune ou de position sociale, ne pouvaient pas quitter Lyon, ils étaient heureux, assurément, de rencontrer, à leur portée, un enseignement plus élémentaire sans doute et plus simple que celui des Facultés, mais capable cependant de fournir un très utile appoint au travail personnel de l'étudiant, travail qui est, en définitive, dans tous les temps, la principale condition du succès.

www.ingramcontent.com/pod-product-compliance
Lightning Source LLC
LaVergne TN
LVHW010017230826
846092LV00002B/867

* 9 7 8 2 0 1 9 2 5 9 4 6 4 *